Allitera Verlag

Michael Vogtmann, geboren 1952 in Straubing und aufgewachsen bei Würzburg, absolvierte eine Schauspielausbildung an der Falckenbergschule in München. Er hat Engagements an zahlreichen Theatern und Schauspielhäusern. Außerdem wirkt er in vielen Fernsehsendungen und -serien mit (u.a. »Um Himmels Willen«, »Der Bulle von Tölz«, »Polizeiruf 110«). Er lebt und arbeitet als freier Schauspieler, Regisseur und Autor in München und auf Mallorca.

Michael Vogtmann

Hättikonfetti

Bairische Gedichte

Allitera Verlag

Weitere Informationen über den Verlag und sein Programm unter:
www.allitera.de

September 2017
Allitera Verlag
Ein Verlag der Buch&media GmbH, München

Printed in Europe · ISBN 978-3-96233-004-0

Inhalt

Hätt i Konfetti

Hätt i Konfetti
I daad di eireibn I daad di eischneibn
Vo obn bis unt
Vo hintn bis vorn
Und i waar dei Konfetterer worn

Hätt i Spaghetti
I daad di futtern
Mim Maul und mid der Gabe
Mim Löffe und mid Parmesan
Und du daadasd Spaghetterer zu mir sagn

Waar i da Donizetti
I daad singa für di
Laut und leis a jede Weis
I daads lerna und daads kenna
Un du daadsd mi Donizetterer nenna

Waar i a Dolomiti
I daad di tragn
Auffi und obi ummi und hera
Wia Gams und wia die Goaßn
Und du daadsd mi Dolomito hoaßn

Waar i a Stradivari
Du daadsd mi streicha
Schmeichln streichln und zartli zupfa
Und vui mehra solche Sacha
Und i daad dein Stradivanzerer macha

Hätt i di
Daad i di
Waar i hi
Du mi aa
Oiwei
Tag und Nacht
Und as schönste waar vom schöna
I daad di – Hättidi nenna
Und as schönste waar vom schöna
Du daadst mi – Daadidi nenna

Warnung an einen Alptraum

Wennsd no oamoi umalangsd
Mit deine Dreckbratzen
Na hau i dir ...
Na schlog i drauf
Mim Haslnussstecka
Oder mim Digitalfunkwecka

Wennsd no oamoi plärrsd so graißlich laut
Na stopf i dirs Maul
Mit nassn Sand
Aus meine Augnwinkl

Wennsd no oamoi einedrucksd
Um Mitternacht
Na fessl i dei Gstell
Mit Stachldraht
Und einem Glasfaserkabel

Wennsd no oamoi so triafaugad umaluarsd
Mit deine bluadign Wasseraugn
Na schiaß i dirs aus
Mit meiner Stahlkuglzwistl

Fliag vorbei an meiner Kammer
Laß ma bloß mei Ruah
Wennsd no oamoi kummsd
Na wach i vorher auf
Nacha bisd umsonst dagwesn
Und i hobs ned gmerkd
Dasd da warsd
Nacha schlaf i wieder ei
Und draam vom Baradies
Na hasd dein Dreck im Schachterl
Guad Nachd!

Ziang Biang Fliang

Des muasst kenna
Am Zipfe ziagn
As Gstell verbiagn
Und nackad dann zum Mond hifliagn

Des muasst kenna
Mi Gloiffe nenna
As Erbe verbrenna
In New York an Marathon renna

Des muasst meng
An Krampus seng
Nix is gscheng
Donau taucha die ganze Läng

Des muasst wissen
As Herz zerrissn
In d Höll neigschmissn
Woana wegn am schlechtn Gwissn

Des derfst wagn
Vui Fragn zum fragn
Vui Weh im Magn
As deppate Hirn ans Tischeck schlagn

Des konnst schreibn
Oaschichtig bleibn
Wörter speibn
Koan Ochsen auf die Alm nauftreibn

Des konnst schaugn
Gar nix taugn
Blinde Augn
Dei Lebn lang an am Duzl saugn

Des muast haltn
Finger faltn
Liacht ausschaltn
An Daife in zehn Fetzen spaltn

Des magst hörn
Treue schwörn
A guada Kern
Und am End doch bschissn wern

Des muaßt glaam
Hoam zur Mam
Siaßer Rahm
Und dann auffe aufn Baam

Jetzt muast geh
War scho schee
Nix versteh
Nimmer suacha
Nimmer liang
Nimmer biang
Nimmer ziang
Bloß no fliang
Fliang
Fliang

Wenns d scho do bist

Wenns d scho do bist
Bleib halt do
Oiwai wuist woanders hi
Nia bist d da wo s d bist
Oiwai Angst vorm Bleibn

Wenns dir gfallt
Und wenns di gfreit
Denk ned an morgn
Denk bloß an heut

Wennsd hocka bleibst ...
Verlierst koa Zeit
Neamad tuat dir was
Neamad wui dir was

Bloß no a bisserl
Da sei
Bei mir
Mit mir
Zsamm schnaufa
Zsamm raufa
Mitnand lacha
Unsinn macha
Nix taugn
Schlösser baun
In die Augn schaung

Bisserl frei sei
Einfach da sei
Einfach froh sei
Und bleibn
Bloß für heit
Und für mi
I bitt di recht schee
Hearst du mir überhaupt zua?

Schwer zum sagn

Werd die Welt kälter
Oder werd i nur älter
Schwer zum sagn

San d Menschen so hantig
Oder bin i bloß grantig
Schwer zum sagn

Wirds Herz oiwei schwaarer
Oder as Hirn immer laarer
Schwer zum sagn

Wern d Leut immer schiacha
Oder les i zvui Biacha
Schwer zum sagn

Tuats Geld no rentieren
Oder werd d Welt ois verliern
Schwer zum sagn

Wird Haut immer grauer
Oder der Himme vui blauer
Schwer zum sagn

Werd d Zeit immer wuider
Oder san des bloß Buider
Schwer zum sagn

War d Musi früher besser
Oder d Ohren bloß grösser
Schwer zum sagn

Is d Lust plötzlich zaacher
Oder warn d Menscher sunst gaacher
Schwer zum sagn

Is d Wahrheit heut klarer
Oder d Klarheit morgn wahrer
Schwer zum sagn

Hob i s ewig Leben
Oder muaß i n Löffe abgebn
Leicht zum sagn!

Wenns grad schee griabig is (Luzifers Hohngesang)

Wenns grad schee griabig is
Wenn d Äpfebaam bliahn
Und s Zeiserl singt
Und a seidiger Wind waaht
Na kimm i daher und schneid mit da Sägn
Mitn nei in des Lüfterl
In den scheena Gsang
In den Apfedatschiduft
Und drah dem Zeiserl an Hals um

Wennsd grad guad schnaufa konnst
Da brochane Haxn is wieda gsund
Wennsd die letzte Sitzung
Beim Fotzenspangler überlebt host
Und dorat bist aa nimmer
Na kimm i und hau da einen soichanen
Katarrh um d Ohrn
Dassd vier Wocha de Rotzglockn leutn hearst
Und fiebrig wearst wia nach am Tsetsefliegenüberfall

Wennst schee warm im Fliager sitzt
Mallorca wart scho
Wenn d Schtuardess umezahnt
Dass da weiß Gott wos eifoid
Na kredenz i dia a Flugloch
Dass da dei Hirn aus da Fontanelln schiaßt
Und dei Magn an doppeltn Todessalto schlagt
Und dir des gschissne Mallorca dermaßen versaut is
Dass d bloß hoam möchst auf dei Schäslong

Wenn dei Filialleiter vor dir nur buckelt
Dei Aktienpaket explodiert
Wenns d moanst du brauchst
Nix mehr arbatn dei Lebn lang
Na gib ihr da Welt an kloana Stupf
Dass des varreckte globale System zsammfoid
Wiara Luftballon im Stacheldrahtzaun
Wiara Seifnblasn auf an Rhinozeroshorn
Und na konnst mit deiner Oidn unter der Bruckn schlafa geh

Wenn dei Tochter auf Treckingtour is im Himalaja
Und dei Bua aufm Schiff in den Hurtigruten
Wenn dei Bruader auf Nilkreuzfahrt is
Und die Schwester im Guatemaladschungel
Na lass i an Vulkan irgendwo dermaßen speibn
Dass koana mehr hoamfliagt wochenlang
Und auf der ganzen Welt schreins nach der Mama
Und koana kanns hearn
Am End deafst den Schimmel vom Spofacklbratn abschabn

Wenn endlich a Ruah is zwischen dir und deiner Frau
Wenns d moanst da zwoate Frühling hat die derwischt
Wenn auf amoi was passiert was lang nimmer passiert is
Urplötzlich packst as no moi o
Na lass i dei Frau länger fort bleibn wia sonst
Na lass is zu ihrer Freundin geh aufbrezelt wia a Rohrnudl
Ganz langsam kummt dir was in Sinn
Dann gib i dir a japanisches Küchenmesser in d Hand
Und dann hab i di
Nacha lass i di über mi nachdenka – lebenslang

Ribisln

Alle duans hibisln
An meine Ribisln
Boid is ois hi
Aa du bisd boid hi
Vom hibisldn Ribislgift

Siebngscheids Gscheidhaferl

Was wuistn du scho wieder
I mog di nimmer seng
I hab dirs oft gnua gsagt
Mir wirds mit dir so eng
Schleich di
Du sibngscheids Gscheidhaferl du gschroamaulads

Ja bist denn du jetz dorat
Ja hast du gar nix gschnallt
Ja woaßt du des jetz nimmer
Mir wirds bei dir eiskalt
Schleich di
Du sibngscheids Gscheidhaferl du gschroamaulads

Du stehlst mir meine Zeit
Du stehlst mir aa mei Geld
Woher nimmst du den Glaubn
Du waarst der Kini auf der Welt
Schleich di
Du sibngscheids Gscheidhaferl du gschroamaulads

Du hast mir s Kraut ausgschüdd
Du flaggst da umanand
Redst jedn Schmarrn glei mit
Und schlupfsd in a jeds Gwand
Schleich di
Du sibngscheids Gscheidhaferl du gschroamaulads

I kenn di scho lang gnua
Du schaugsd mi so blöd o
Des find i ned zum lacha
I muaß a End jetz macha
I muaß mei Ruah jetz hamm

I hau den Spiegel zamm
I wui mi nimmer seng
– Und i schleich mi
Pfiad di du sibngscheids Gscheidhaferl
Du gschroamaulads

Nix

Nix is sowieso nix
Vui is aa nix
Ois is erst recht nix
Oiso was brauch ma?
Nix. Ois. Vui.
Oder?

Vo nix kummd nix
Vo weni kummd a bisserl
Vo vui kummd vui
Und vo ois kummd ois –
Moand ma!
Hosd da denkt!
Pfiffkaas!
Weil: ois is nix!

Doda sagt da Dokta

Doda
Sagt da Dokta
Doda hockt a
Sagt da Dokta
Da graißliche zwiderne Daife
Der wo di ned schlafa lasst
Der wo di treibt
In dein Magn speibt
Der wo dei Hirn zerreißt
Und auf dei Leben scheißt

Doda
Sagt da Dokta
Doda hockt a
Sagt da Dokta
Da glitschige glumperte Wurm
Der di drehrig macht
Der in deim Darm rumort
Durch dei Haut si bohrt
Der dei Galln zermanscht
Und dei Herz verramscht

Doda
Sagt da Dokta
Doda hockt a
Sagt da Dokta
Da wiaste bluatige depperte Draam
Der di schreien lasst
Der dein Kopf zerfetzt
Der dei Seel verhetzt
Dir dein Tag versaut
Dir dein Blick verbaut

Doda
Sagt da Dokta
Doda hockt a
Sagt da Dokta
Glei hob i n den varrecktn Hund
Und er schickt mit seim Skalpell
Den Daife zruck in seine Höll
Den Wurm den nimmt er aa glei mit
Und letztlich sans dann aa zu dritt
Wei den depperten Draam
Ja sog amoi des glaabt ma kaam
Den hat da Dokta aa vertriebn
Und mir is oans no übrig bliebn
Dass i jetzt hundert Jahr alt werd
Mirs guad geh lass auf dera Erd

Wenn dann da Dokta sagt
Doda
Da hockt a
Dann muaß des da Boandlkrama sein
I geh dann ohne Jammern
Und ohne Trenzen ohne Pein
Mit eahm ins Paradies hinein

I wui di

I wui di
I mog di
I brauch di
I bin so wuid auf di

Du wuist mi doch aa
Du mogst mi doch aa
Du brauchst mi doch aa
Und bist du ned wuid auf mi?

I verdraa meine Augn
I verdraa meine Fiass
I verdraa mei Herz
I verdraa mei Leber
I verdraa mei Lebn

I stell mi o
I stell mi tot
I stell mi hi
I stell mi ab
I wui di so vui
I mog di so wuid

Du hockst in meim Gfui
Du hockst in meim Herz
Du hockst mir im Gnack
Du hockst in meim Hirn
Du hockst in meim Lebn

I wui di
I mog di
I brauch di
I bin so wuid auf di

Du wuist mi doch aa
Du mogst mi doch aa
Du brauchst mi doch aa
Und bist du ned wuid auf mi?
Jetzt sags endlich
Wia lang soll i no wartn?

What-Sepp-Nachricht

Seit oaner Stund
Sitz i am Wirtshaustisch
Des Biafuizl schaugt aus
Wia a verzwuzlte Fackefotzn
Mei Seel is lack
Wia des Bier vor mir

Des Ingreisch aufm Teller
Is bluatig grau
Wia mei Herz
Wia mei Schmerz

I wart auf Fräulein Zitzibä
So hab i s gnennt
In zarten Stunden
Weil s so schee zwitschgert hat
Wenns grad griabig war mit uns

Sie is ned kemma
An Sepp hats geschickt
An What Sepp
Lätschnbeni
Hopperdidl
Simandl
Lattirl

Es is aus –
Hats gschriem

I hab gar ned gwußt
Dass so a Telefon
Ohne Tastatur
So graißliche Wörter
Schreibn ko
Dass so a Telefon
Ohne Schnur
Ohne Reschbeckt
Sei ko

Oaschichtig bin i wieda
Ohne Zwitschger-Zitzibä
Und a Depp

Nix bleibt wias is

Hearst koa Wind blosd ned mehr
Sigst da Staub hod sie glegd
Auf Blätta und Baam
Auf Stoana und Gras

Und nix is wias wor
Und mir is jetz klar
Dass nix bleibt wias is
Und nix is wias wor

Sigst da Nebl werd dicht
Hearst koa Wasser rauscht ned
S is ummadum schwarz
S is ummadum staad

Und morgn werds hell
Und langsam werd schnell
Weil nix bleibt wias is
Und nix is wias wor

Horch d Schaf schlafan ei
Schaug da Adler fliagt hoch
Übern Berg hinterm Wald
Übern Mond in die Stern

Und boid samma furt
Und boid samma durt
Weil koana bleibt do
Weil nix is wias wor

Schaug hi es werd kalt
Horch hi es werd feucht
Brauchst a Dach und a Licht
Brauchst an Platz und a Gsicht

Weil wenn Du jetzat wo bleibst
Wo Du vorher ned warst
Na werst woana und schrein
Und biesln und speim
Dann woaßt as gwiß
Dass nix bleibt wias is

Gori und Luzifer

Zeckerlfeist und wuzelfett
Liegt der Gori in seim Bett
Aus seim Maul steigt Weißbierdampf
In seim Bauch herrscht Knödlkrampf

Perchten Viecher Haberfeld
Geister aus der Unterwelt
Tod und Feuer in seim Draam
Explosionen in seim Darm

Und er schreit nach seiner Mama
Wia kann oana bloß so draama
Und er bengst und woant und trenzt
Schneuzt an Rozz an Hemadlenz

Und auf oamoi is er wach
Heart wias rumpelt aufm Dach
Heart a Stimm die er scho kennt
Die si in sei Seel neibrennt

Gori i hab lang gnua gwart
Auf gehts zua der letztn Fahrt
Jetz muaßt mit mir geh
Deine Zeit is um
Kumm nur Gori Kumm

Und mit einem graißlichn Grinsn
Verlangt da Daife seine Zinsn
Jetzt und pünktlich aufn Tag
Für den daiflischen Vertrag

Naa! Plärrt der Gori in die Nacht
Naa! Du hast ja keine Macht
Hau bloß ab du grindigs Gschwerl
Schleich di schdinggada Saukerl

Wieder kimmt die scharfe Stimm
Die eahm raubt den letzten Sinn
Hats ned gheart seit vierzig Jahr
Er glaubt des ned des is ned wahr

Aufpasst Gori jetzt gehts schnell
Du warst vorm Schwindel ned sicher
Hast aber dengerschd fliagn woin
Vom Himme über d Welt zur Höll

Er woaß jetz nimmer ein und aus
Wimmert wia a petschierte Maus
Er schlottert mit die Hosn
Riacha duad er ned nach Rosn

Wieder lacht da bös da Daife
I hab wahrhaftig koane Zwaife
Was du ned sagst du bläder Tropf
Was bassiert da in deim Kopf
Du duasd als hättst du nix verbrocha
Du duasd als hättst mir nix versprocha
Du wearst auf mi scho hearn
Hör auf mim Soacha und mim Plärrn
Du brauchst aa gar ned beten
Vielleicht a letzte Zigaretten
Und dann der letzte Akt
Vo unserm langjährigen Pakt

Auf oamoi wird da Gori staad
Eahm is jetz wahrlich nimmer faad
Auf oamoi fragt er si ganz gwiß
Für was sei notigs Leben is?

Und er singt mit dünner Stimm:
I woaß dass i ned in Himme kimm
I möcht so gern Abbitte toa
Mei Herz des is a stummer Stoa

Mir tuat ois so furchtbar leid
Was glaabst du wia de Sach mi reut
I gspür an zentnerschwaaren Druck
Gib mir mein Vata wieder zruck

I bitt tausendmoi recht schee
Lass mein Bruada aufersteh
Nimm die Drud vo meiner Brust
Mir war doch damals nix bewusst

Du kannst ned einfach sagn: varreck
Du fasst mi o wia an letztn Dreck
Daad gern den höllischn Pakt zerreissn
Und in den nächsten Abtritt schmeissn

Mei Leben war koa Honigschleckn
Mei Weib die tuat mi bloß derbleckn
Koa Nachbar hat a freundlichs Wort
Weil jeder ahnt den Doppelmord

Plaggeister Peiniger Dämonen
I hob gmoant du taatst mi schonen
I hob gmoant so waar der Vertrag
Und ned vierzig Jahr bloß Plag

Jetz hauts den Gori ausanand
Jetz is er ausser Rand und Band
Er verliert den letzten Halt
Und es wird ihm antrisch[1] kalt

---

1 unheimlich, gespenstisch

So nimmt das Schicksal seinen Lauf
Und er schreit zum Himmel nauf:
Tief in mir is ois aus Stoa
Oh Herrgott lass mi ned alloa

Da wird da Luzifer glei grantig
Er wird bluatig wuid und hantig
Er spukt Schwefe Dampf und Feuer
Wui nix mehr hearn vo dera Leier
Stampft mim Bocksfuaß auf die Erd
Des hat die Welt bisher ned gheart
Dass ois wackelt und ois zittert
Und der Daife zischt verbittert:

Auf oamoi wuist katholisch wern
Weil dei Pamperlleben brennt
Muaßt du nach am Herrgott plärrn
Hastn bis heut aa ned kennt

Du moanst du waarst aa scho wer
Du zwiderwurzana Rotzlöffe
Freili bist du der letzte Dreck
Woast was du no bist?
A stinggads Potschamperl
A wurmstichigs Scheißhäusl
A Lug und Trug
A Nix und Niemand
Vor vierzg Jahr is dir da Rozz ausm Maul glaffa
Vor Gier auf den Hof auf des Land auf des Geld
Die Augn hats da aussebaatzt
Was hast Du mir zuagflüstert?
»Der Bruada muaß ausdruckt wern wia a Eißn
Kannst eahm leicht an Berg abe schmeißn?

Da Vata muass auskratzt wern wia a Furunkel
Mit Rattengift werds bei eahm schnell dunkel«

Des hast gsagt,
Du windiger Semperer
Du grindiger Hamperer
Hast du des ois vergessen, Gori?

Da packelts den Gori ausanand
Der ganze Körper steht in Brand
Aus alle Löcher fliaßt sei Gwissn
In seine Hosn hat er gschissn
Er brunzt und bliat und schwitzt
Am Himme hats scho blitzt
Aus seiner Fotzn seifelt der Eiter
Doch der Daife macht no weiter
Und jetz fangt er an zu flüstern
Er geht mit seine hoaßn Nüstern
Ganz nah ans knisternde Gorihaar
Und sei Stimm wird eisig klar

In dei Herz is einebrennt
Mit Bleibluat dass mas ewig kennt:
Vertrag zwischen Gori und Luzifer
Der Daife hilft dem Gori bei
– Vatermord und Brudermord
Auf dass er alleiniger Erbe von Gütern
Und Geld wird
Der Daife hilft dem Gori
– Beim Finden einer Frau
– Beim Zeugen einiger Kinder.
Was der Gregor dann daraus macht
Is seine Sach

Und nach vierzig Jahren
Gehört die Seele des Gregor
Dem Großen Fürsten der Hölle

Wieder lacht der Satan wuid:
Gori is des leicht mei Schuid
Dass dei Oide a Ziefern war
Di schikaniert hat as ganze Jahr
Dass dei Tochter sauft
Und dei Sohn mit Geistern rauft

Verzweifelt lallt der Gori *I wui …*
Da keift der Quälgeist ohne Gfui:
Nix werst du im Lem no woin
Endlich dearf di der Daife hoin
Mei Geduld is heut am End!
Jetzt der ganze Himme brennt
Und mit seiner kalten Hand
Packt er n Gori an seim Gwand
Stoßt mit gaacher Lust
Durch sei dünne Brust
Reißt sei pochend Herz heraus
Frißts wie einen Leichenschmaus
Und aus dem Gori seim Kadaver
Fliaßt des Bluat wia heiße Lava
Und es schwillt zu einem Meer
Drin zahnt und schwimmt der Luzifer
Bis an das Höllentor
Und ein schiacher Daifechor
Grüßt den Herrn der Unterwelt
Der sie auf sein Bocksfuaß stellt
Schreit sein Triumph zum Himme nauf

Auf oamoi tuan si d Woikn auf
Die Sunn blinkt auf die Gori-Leich
Der Höllenfürst wird kreidebleich
Denn aus dem Toten seinem Mund
Fliegt a Schmetterling schö bunt
Und wia der ins Paradies nauf flattert
Schaugt da Daife ganz verdattert

Er wiagt si hin er draht sie her
Jetzt gibts für eahm koa Hoitn mehr
Er rast und stampft tuat Schwefe speim
Rozzt Baatz und Dreck und greana Schleim
Doch auf amoi is Schluß mim Tanz
A bisserl raucht er no sei Schwanz
Ganz staad werds in dem Erdenrund
Und er hinkt zum Höllenschlund
Er ruaft am End mit kalter Stimm
Glaubts bloß ned dass i ned wieder kimm!
Glaubts bloß ned dass i ned wieder kimm!
Glaubts bloß ned dass i ned wieder kimm!
As Höllentor fällt krachend zua
Im Erdenrund herrscht himmlisch Ruah

Doch des is bloß für kurze Zeit
Auf dass si koaner vo Euch freut
Denn wer den Lauf des Lebens kennt
Der woaß die Gschicht is nia zu End
Doch für jetzt und mit Genuß
Machen wir ganz einfach Schluß

Wia i kloa war

Weidnpfeiferl schnitzen
Kracherlflaschn stibitzen
Kunsthonig im Mai
Voglwuid aber ned frei

Um an Opa woana
Zinseln flache Stoana
Angst im Kohlnkeller
Hinterm Wald werds heller

Wia da Daife radln
Juckpuiver für d Madln
Ski und Rodl guad
Oachichtig im Bluat

Schwaare Grippn kriagn
Rotzgloggn naufziagn
Oma bringt an Kuacha
Wunschkonzert im Radio suacha

Fuaßboi bei jem Weda
Wixn wia a Bläda
Für die Kirch verlorn
Für Rock 'n' Roll geborn

Liverpool is ned weit weg
Buttabrezn Bärndregg
Leberkas und eine Mass
Auf des Kapital an Hass

Haschisch in der Reißn
Endlich d Schui hischmeißn
Muatta richts scho wieda
Hormone hoch nie nieder

Narrat dorat damisch
Trotzdem oiwei gschamig
Hin her rauf und runter
Oamoi traurig oamoi munter

Heut hob i des Gfui
Anders is ned vui
Auf der Stirn mehr Faltn
Ghör jetz zu die Altn
Nur des oanzige is klar
Nämli wia i kloaner war
Des war schee kommod
War i so weit weg
Weit weit weg vom Tod

Wia gibtsn des

Wia gibtsn des
Dass i moan i kanntat des ned?
Naa naa
I woaß i konn mehra
Als wia i moan dass i konn

Wia gibtsn des dass i moan
Dass i di ned vasteh?
Naa naa i glaab scho dass i di vasteh konn
I woaß blos ned wia

Wia gibtsn des
Dass i moan i waar ned der der i bin?
Naa naa i bin scho der der i bin
Aba manchmoi woaß i des ned

Wia gibtsn des
Dass i moan i waar gar ned da?
Naa naa do bin i scho
Aba vielleicht is des Dasei blos a Draam?

Wia gibtsn des
Dass i moan dass i di ned sieg
Naa naa i sieg di scho
Aba mehra wia durch a Muichglasbruin

Wia gibtsn des
Dass i moan i bin dorat
Naa naa i hör scho ois
Aba vasteh tua i nix

Wia gibtsn des
dass i moan i hätt des gschriem
Naa naa i konn des ned gschriem ham
Weil so gscheit wia der der des gschriem hat
So gscheid konn i ned sei

Jetz wart i scho wieda

Jetz wart i scho wieder
Dass was passiert
Wo i doch woaß
Dass eh nix passiert
Und wenn i wui
Dass was passiert
Na muaß i selber was toa
Dass was passiert
Des woaß i scho
Und wenn dann aa nix passiert
Na woaß i aa nimmer weiter
Doch halt!
I moan i muaß endlich lerna
Ned zu wartn
Dass was passiert
Aba ehrlich gsagt
Vui Hoffnung hob i ned
Dass i des lern

Vui zvui

Vui zvui woana
Vui z weng moana
Nimmer weiter wissn
Vui zvui raffa
Vui z weng schaffa
Oiwei mehr wia vui
Oiwei schwaar im Gfui
Vui zvui renna
Vui zvui brenna
Nix is leicht
Nix erreicht
Ois verschprecha
Ois abbrecha
Ois werd gschworn
Nix geborn

Die Hex am Dog
Und Nachts da Daife
Nix wia i s mog
Und oiwei Zweife

Vui zvui schiaßn
Vui z weng biaßn
Vui zvui watschn
Vui zvui ratschn
Haberfeld und Bann und Acht
Tretn beissn geile Macht
Zischn bisln flitschn plärrn
Ois derbatzn Mörder wern

Oiwei grattln tritschln prahln
Aba nia die Rechnung zahln
Vui zvui liagn

Vui zvui verbiagn
Vui z weng lacha
Vui z weng macha
Vui zvui Grant und
Vui zvui Ruach

Aba trotzdem traama
Und sich trotzdem schaama
Manchmoi blitzts
Dass was nützt
Abfliagn gwinna Zeit vergessn
Renna schwimma Herndln stessn

Mei …
I lass ma doch vo dir und vo irgendwem andern
Ned mei Lebn zerredn
Ned mei Red verderm
Ned mein Stern dermantschn
Ned mein Wein verpanschn

Kumm kumm
I nimm di bei der Hand
Kumm Kumm
In mei windigs Land
Kumm Kumm
In mein schiafn Stadl
Kumm Kumm
Du groaßaugade schwarzaugade Hex
I streu dir Kunstschnee auf dein Buckl
Und rutsch dir hintn abe bis zum Arsch
Und wenn dir da Daife häifa wui
Na bind i eahm a Bombn an n Schwanz
Tua Wagnschmier an sein

Verrecktn dreckatn Bocksfuaß
Und nacha kennts schaugn wos bleibts
Ees graißliche verbrunzte
Schiache schialaugade
Wampade hinterfotzige
Stinkade gschroamaulade
Bagage

Ees seids vui zvui
Vui zvui
Vui zvui

Du ned und i aa ned

Du ned und i aa ned
Koaner woaß Bescheid
Warst du gestern bin i morgn
Leicht am bestn heut?

Du ned und i aa ned
Drah i oder wer
Is des Rad am laffa
Oder steckt was quer

Du ned und i aa ned
Nix gwiß woaß da koaner
Wenns des nämli wissen taatst
Miaßast gwiß glei woana

Du ned und i aa ned
Auffi hintre vorn
Abe seitwärts glei danebn
Koana is was worn

Du ned und i aa ned
Mir zwoa san jetz staad
Friedli leis und maiserlmatt
Mampfma Ringlomarmelad[1]

Du schlafst ei und i ned
Morgn wach ma auf
Du bleibst gscheid i bleib bläd
So ist des Lebens Lauf

---

1 Reineclaudemarmelade

Is was passiert?

Das des amoi passiert
Des hätt i mir nia draama lassn
Jetzt hab i n Dregg im Schachterl
Und i woaß nimmer weida

Wos is passiert
Wos hättst du dir nia draama lassn
Warum hast du an Dregg im Schachterl
Dassd nimmer weiter woaßt

Ja des is ja
Des is ja des Bläde
Wia a Drud hockts mir auf der Brust
I zermansch ma mei Hirn
Der Schweiß bricht ma aus
I zitter wia deppert
Und I kannt woana

Jetzt sag halt was los is
Was isn des bläde
Was für a Drud hockt dir auf der Brust
Wiaso tuast du dir des Hirn zermanschn
Und schweißeln is ned guad
Zittern tuast aber warum
Woana tuast aber warum

Des schlimme is
I woaß ned was passiert is
Is überhaupts was passiert

Was redstn für an Zinnoberzichorie

Was wuistn
Was tuast du di kümmern um mi
Des geht di gar nix o
Weil

I woaß ned
Was i ned woaß
I woaß ned
Was für an Dregg im Schachterl i hob
I woaß ned
Was is dass i nimmer weiter woaß
I zerbrich mir mein Kopf
Weil i ned woaß warum i mir mein Kopf zerbrich
I tua schweißeln
Weil i ned woaß warum i zittern muaß
I muaß woana
Weil i ned woaß warum i woana muaß
So und jetzt lass ma mei Ruah
Weil
I muass jetz
Vui nachdenka
Weil
I muass …
… I muass
… I muass
Rauskriagn
Warum i sovui zum denka hob

Servus und Danke

Ned i

Gestern war i ned i
Des macht mi hi
Aber wenn i nachad hi bin
Bin i wieder ned i

Streich ma den Tag
Fehlt er im Jahr
Aus is und gar
Nix is nix war

Draht si der Wind
Blast vorn ned hint
Wenn er mi find
Plärr wia a Kind

Dua wieda suacha
So weit zum verfluacha
So weit ohne Schua
Is lang no ned gnua

Bei mir is ma weh
Muaß schattnlos geh
Muaß obdachlos steh
Kenn koa AbeCe

Ja merkst du des ned
Wia schiach is die Red
A jammerigs Gfredd
A stinggads Bett

Muaßt was Neus wagn
Ned glei vazagn
Ned so vui fragn
Besser fürn Magn

Guad!
Dann bin i morgn gwiß i
Nix macht mi mehr hi
Nacha bin i
Der Kini
Und nacha?
Nacha bin i endlich i

Des is des

Des is des
Des is des
Weil des so is
Is des des
Weil des is
Wia s so is
Ob du bleibst
Ob du gehst
Waar des anders
Is aa des
Oiwai bleibt des oiwai des ~

Jedn Tag jedn Tag
Stell i mir die gleiche Frag
Soll i bleibn soll i geh
Bin i do is ma weh
Geh i furt
Is ned guad
Und am End bin i mir bös
Weil oiwai bleibt des nacha des ~

Jedn Morgn jedn Morgn
Mach i mir aufs neue Sorgn
Sehn mi nach i woaß ned wem
Woaß scho wieda nix vom Lebn
Wui dann da sei
Wui glei furt sei
Durch die Mittn geht a Riss
Und i woaß scho des bleibt des ~

Des is des
Des is des
Weil des so is
Is des des

Weil des is
Wia s so is
Ob du bleibst
Ob du gehst
Waar des anders
Is aa des
Oiwai bleibt des oiwai des ~

Jedn Abnd jeden Abnd
Möcht an staadn Abnd habn
Habs schee griabig Larifari
Sorg mi ned ums Diridari
Bin ned narrisch
Bin ned damisch
Und i denk mir dann auf d letzt
Is des ois oder is ois des ~

Jede Nacht jede Nacht
Bin vom bösen Draam aufgwacht
Drah mi hin drah mi her
Findt koan guadn Schlaf ned mehr
Schweb nach oben
Fall am Boden
Zermansch mir meinen müdn Dez
Und oiwai bleibt dann wieder des ~

Jedn Tag jedn Tag
Sing i mir die selbe Klag
Bin i wer und hab i was
Leb i mit am Herz aus Glas
Bin i dappig
Bin i happig
Oder bin i gar der Größt
Deswegn is des oiwai des ~

Des is des
Des is des
Weil des so is
Is des des
Weil des is
Wia s so is
Ob du bleibst
Ob du gehst
Waar des anders
Is aa des
Oiwai bleibt des oiwai des ~

Zwiderner Zwiefacher

A Stalltür im Wind
A draamhapperts Kind
A haatschede Maikatz auf drei Tatzn
A schiaglnder Klaubauf[1] mit fünf Pratzn
So pumperts Herz
So tanzt der Schmerz
Zwiderner Zwiefacher zwiderner

Klang is Muas
Rhythmus a Ruas[2]
Bluat schwoabt wia a See im Wind
Ohrn wern taub Augn blind
Musi verruckt
Angst verdruckt
Zwiderner Zwiefacher zwiderner

Gestern no grad
Heut scho malad
Im Tanzbodn bleckn Scherbn und Spreißl
Da Daife wart im Austraghäusl
Bombardon[3] gstopft
Fotzhobe[4] gschopft
Zwiderner Zwiefacher zwiderner

Gsang is schiach
Jeds Liadl a Siach[5]
Fangermandl spuits in mir
Falsche Fuchzger vor der Tür

---

1 Krampus
2 Ruß/Alkoholrausch
3 Tuba
4 Mundharmonika
5 widerwärtiger Kerl; Kotzbrocken

Hirn is aus
Sturm im Haus
Zwiderner Zwiefacher zwiderner

D Seel verbogn
End verschobn
Die Kapelln spuit Ramasuri[6]
Der Trommler wirbelt Hudriwuri
Nackert hampln
Dorat[7] pampln
Zwiderner Zwiefacher zwiderner

Kraut ausschüttn
Stier[8] durch d Mittn
Du und i mir holpern grindig
I und Du mir drahn uns windig
S Zeiserl schwebt
Hoffnung lebt
Zwiderner Zwiefacher zwiderner

Brauchst an Muat
Ois wird guad
Springa pfeifa singa oafach
Oiwei drah di dreimoi zwiefach
Lass mi aus
Gehma z Haus
Zwiderner Zwiefacher zwiderner

---

6 großes Durcheinander
7 taub
8 mittellos, pleite

Bayerngfui

Du kummst ausm Norden
Sagn ma moi
Hamburg Hannover Kassel
Autobahn Saustau
Wetter diesig, dasig grau
Endlich Raststätte Holledau
Muaßt nomoi biesln
Agratt jetzat
Muass denn des sei
Du kannst n nämli kaum derwartn
Den Moment
Den magischn
Den tragischn

Der Himme reißt auf
Hosentürl zua
A paar Meter no
Glei kummt er
Der Moment
Allershausen
Du fahrst übern Hügel
Da liegts vor dir
Die varreckte Hoamat
Des verfluachte Bayern
Des sackrische
Des damische
Ursuppe des Lebens
Schuld und Sühne
Das Sein und das Nichts
Und es überfallt di
Des Gfui, des Gfui
Des Bayerngfui

Der Himme
Blau wia der Mantelsaum vom Kini
A Himme
Bei dem muass ma
Größenwahnsinnig wern
Die Alpen
Ein Theaterprospekt
Vom Valentin
Dei Herz bumbert
Du wuist juchezen
Und jodeln
Dann ja mei
Da fallt dir ei
Bloß ned kitschig
Bloß ned glitschig
Bloß ned dimpflig wern
Du fragst di
Was des is
Des Gfui des Gfui
Des Bayerngfui

As Auto fangt zum fliagn o
Der Föhnwind blasts himmewärts
Bittscheen ned zruck
Ned Franken
Nimmer Zwerg sei

Schwebewind
Segelwind
Vorwärts treiben
Übers Land
Hintn im Eck
Da machst an Halt

Bei Mittenwald
Da hockt oana
Im Hoiz
Spuit mim Fotzhobe
Grad schee
Grad föhnblauhimmisakrament zum woana
Bayerngfui
Muaßt trenzn
Rotzglockn naufziagn
Da marschiert vo Oberammergau
Der Chor der aus dem Fegfeuer Geretteten
Lauter nackade weißhaarige Dackelzüchter
Sie plärrn:
Zinseln klingseln Kracherl Bach
Die Mannsbilder a jeds a Hacht[9]
Die Weibsbilder so römisch schee
Pfisterbrot und Riemische
Der Kini aufm Königssee
Dersauft
Oh weh, oh weh,
Juchhe

---

9 Rüpel

✦

Abe gehts im Sturzflug
Di derbröselts
An der Raststätte der Zukunft Fürholzen
Der Kopf zerspringt vom vuin Fuin
Bayerngfui im Bellesumpf
Bayerngfui im Dezbaaz
Dir werd dampfig mampfig mumpf
So Mamming Ampfing Straubingdumpf
Aschering Valley Geiselhöring
Fröttmaning-Schwabingunterföhring
Aa ammerseeig andechsi
So eisbachungererbadsexy
Du lachst di brouheiglwepsad
Fahrst s Auto an an Zwetschgndatschibaam
Fallst in einen siaßn Rohrnudldraam
Rutschst aufm Lederhosnarsch
Zum Hacknsee

Miche horch hi
D Libellen singa
Derfst aa ausm Eibsee trinka
Michi schaug hi
D Wasserflöh springa
Johanniskäferl an jedm Finger
Nacha zum Schnaitsee
Michi schaug weg
Madl wia Brezn
In durchsichtge Fetzn
Ganshaut Bettnot
Schenkelgfui
Bayerngfui

✦

Auf gehts nordwärts
Zur Doana
Taucha vo
Neuburg bis Weltenburg
Vo so vui Glück dawuzlt
Ein Waller an deim Zecha zuzelt
Schwebst in da schwarzn Doana
Streckst dein Bauch auffe zum Mond
S Wasser bacherlwarm griabig
Strömung strömt
Frösch zwitschgern
A Bibermo pfeift nach seim Biberweib
Fledermaiserl wischpern am Ufer
S Amixel singt wia der Orffeus
Nacha schlaffts im Schloß vo Straubing
Weit weg a Esel im dampfigen Dunkel
Samma in Rumänien?
Da verreckt
Da Dialekt

✦

Anlandn an da Walhalla
Der Doanawind tragt di
Schaukelst wia a Saubleamesamen
Aufs Dach von dera Halla

Holla? Hallo!
Is da wer?
Ja servus i bins der Goethe
Walhallahaluzination
Woaßt bei Vollmond
Treffen mir uns immer
Da heroben aufm Dach
Da marschierns scho daher
Derf i vorstellen:
Da Dürer Albrecht, der Luther Martl
Der Bach Johann-Wastl, der Heine Heinzi, der Einstein
Bertl, und …
Da schiabt si a Woikn vorn Mond
Weg sans
A warmer Regntropfn streichlt dei Nasn
Du rutschst an einer Walhallasäule abe
Landst neben der Sophie Scholl
Verneigst di
Sie blinzelt dir zua
Denkst:
Soichene wia di kannt ma öfter braucha

✦

Staad is auf amoi
Neamad mehr da
Weit und breit koa Mensch
Koa Geist
Koa Gockel
Koa Geier
Koa Maus
Koa Tod
Alloa
Wohi? Was toa?

Abe zur Doana
Setzt di auf d Stoana
Der Strom strömt dahi
Behäbig
Ewig
Strudel gurgln
Ein Waller lacht
Bayerngfui?
Was is des für a narrats Spui?
Hab i s erreicht mei Zui?
Hab i s gfunden des
Bayerngfui?
So vui Fragn
Ned verzagn
Aber oans woaßt gwiß
Bayern is Hölle und Paradies
Doch für heut is Schluß mim Suacha
Gemma hoam
Oma wart mitm Apfekuacha

A Hitz is

A Hitz is
Koa Wind is
Hirn derbaazt
Red dergaazt
Staad is in der Stadt

A Hitz is
Koa Witz is
Koaner lacht
Neamad wacht
Tote Taubn im Gras

A Hitz is
A Schwitz is
Koana red
Neamad bet
Feuerwehr am Dach

A Hitz is
Koa Blitz is
Glockn leutn
Dumper Zeitn
Abtritt schwoaßlt schwaar

A Hitz is
A Gschiss is
Rozz rinnt
Goaß spinnt
Baatz rasselt arg

A Hitz war
A Hetz is
Weil jetz is
Da Regn
Da Segn
Der Sommer is um

Manchmoi

Manchmoi taat i gern
Mit am Schwäuwarl tauschen
Übern Himme rauschen
Muckn und Fliegn beissen
Auf den Globus scheißen
Ja, des taat i gern

Manchmoi taat i gern
Juchezen wia a Stier
Strawanzn mit die Küah
Aufs junge Kaibe achten
Den oidn Metzger schlachten
Ja, des taat i gern

Manchmoi taat i gern
Bluatsaugn wia a Zeck
Winter verschlaffa im Eck
Im Frühjahr frisch aufwacha
Die Menschheit fuchtig macha
Ja, des taat i gern

Manchmoi taat i gern
Boarisch verdrallamanschiern[1]
An weißblauen Himme petschiern[2]
Auf die Alpen pecken[3]
Den damischn Kini derbleckn
Ja, des taat i gern

---

1 zerstückeln/zu einem undefinierbaren Mansch verarbeiten
2 blamieren/zugrunde richten
3 picken/hacken

Manchmoi taat i gern
Segeln wia a Seifenblasn
Eier legn wia Osterhasn
An Nikolo derhaun
Tag und Nacht bläd schaugn
Ja, des taat i gern

Manchmoi taat i gern
Im staadn Wald einschlaffa
Mim Sparifankal[4] raffa
Koan Radau mehr braucha
Tiaf und tiafer schnaufa
Ja, des taat i gern

Immer taat i gern
Mit dir Schlittn fahrn
Dir dei Glück bewahrn
Mit dir fliagn zum Mond
Oder weiter wo neamd wohnt
Und dort bleim bis nimmer geht
Bis die Uhr auf ewig steht
Ja, des taat i immer gern

---

4 der Teufel

Weil i Schauspieler bin

I kannt mi kugeln vor lacha
I mach wieder so Sacha
I spui jede Rolln
Des hob i so wolln
Des hat scho sein Sinn
Weil i Schauspieler bin

Heut bin i arrogant
Bin spöttisch süffisant
Aa herrisch majestätisch
Und aufreizend ästhetisch
I bin ganz schee devot
Kleins bisserl Idiot
I dua mi spreizen
Und furchtbar erdreisten

Morgn bin i a Giggerl
Spui lustige Stückerl
Bin a windiger Stenz
Und a Hemadlenz
Bin anmaßend stolz
Bin aus anderm Holz
Dann schau i blasiert
Weil gar nix passiert

Oft bin i a Kaschperl
Seltn a Hascherl
Bin sinnlich leger
Wia a junga Schwalanger
Gwiß aa a Hallodri
Und manchmoi da Doldi
Bin tragisch und magisch
Phlegmatisch und narrisch

I spui mit vui Gfui
An jedn Hudriwui
An jedn Bosnickl
Des is koa Kunststückl
I geh manchmal morden
Oder sssprech wie im Norden
Am Tag spuck i Feuer
Am Abend bin i Bayer

I tua ois fürn Applaus
I spui jede Laus
An Wind vom Himme
Aa a Leberkassemme
Gurknsalad und Steckerlfisch
Packerlsuppn und Wirtshaustisch
I muaß spuin Tag und Nacht
Wenn aa d Welt zsammakracht

I kannt mi kugeln vor lacha
I mach wieder so Sacha
I spui jede Roin
Des hob i so woin
Des hat scho sein Sinn
Weil i Schauspieler bin

Und bin i alloa
Frag mi was i da tua
I wui mi versteckn
Die Wundn leckn
I kanns kaum ertragn
Des schmerzhafte Fragn
Des dauernde Bohrn
I fui mi verlorn

Oaschichtig und faad
So laar und malaad

Und doch woaß i gwiß
Dass da ebbas is
Dass da was wischpert
Dass da was flüstert
Dass da was ziagt
Dass da was schiabt
Und i kann mi ned wehrn
I kannt beißn und plärrn
I hab koan eigna Wuin
I muaß
I muaß spuin
I muaß spuin
I muaß spuin